AF402685

LÉGISLATION

DE L'ARRIÉRÉ

DE 1801 A 1809,

OU

OBSERVATIONS

Sur une des questions traitées par M. le Comte LANJUINAIS, *Pair de France, relative à cet Arriéré.*

PAR C. DUBOST,

LIQUIDATEUR D'OFFICE DE LA COMPAGNIE VARVILLE.

A PARIS,

Chez
{
Ant. BAILLEUL, Imprimeur-Libraire, rue Ste.-Anne, N°. 71 ;

DELAUNAY, Libraire, Palais-Royal, galeries de bois, N°. 243.
}

1818.

IMPRIMERIE D'ANT. BAILLEUL,

RUE SAINTE-ANNE, Nº. 71.

LÉGISLATION
DE L'ARRIÉRÉ

DE 1801 A 1809,

OU

Observations sur une des Questions traitées par M. le Comte LANJUINAIS, Pair de France, relative à cet Arriéré.

Dans la brochure que M. le comte Lanjuinais vient de publier sur les dépenses et les recettes de l'Etat pour l'an 1818, et sur le crédit public, en s'adressant à ceux des Pairs qui ont dans la pensée quelques observations ou amendemens sur le projet de la loi de finances pour 1818, il leur signale l'objet suivant:

« V. Art. 1er. du projet : *Retour sur les exercices clos.*
» Ce n'est pas sans chagrin qu'on voit, pour 1818,
» porter à 64 millions 443 mille francs ce qui reste
» de l'arriéré de 1801 à 1810. Les exercices anté-

» rieurs à 1810 avaient été réglés par les lois de fi-
« nances de 1813 et autres antérieures, d'une manière
» qui rejetait cette multitude d'anciennes prétendues
» créances, qu'un malheureux laisser – aller a fait
» revivre en 1814, 1815, 1816 et 1817. (*Voyez de la*
» *Législation des finances, par* M^r. GANILH, *page* 10
» *et suivantes.* »

Un reproche aussi grave, qui ne tend à
rien moins qu'à accuser les Ministres d'oubli
dans leurs devoirs, en revenant sur des
exercices clos, et de prévarication dans
leurs fonctions, en liquidant *d'anciennes
prétendues créances* qui auraient été reje-
tées, nous a porté à examiner s'il était vrai
que les Chambres, depuis la restauration,
avaient eu la coupable négligence de faire
revivre des créances que l'ancien Gouvernement aurait éteintes sans retour.

Nous nous sommes donc empressés de
parcourir le dernier écrit de M. Ganilh ; mais
nous n'avons rien trouvé dans cet écrit qui
eût rapport à l'arriéré de 1809 et exercices
antérieurs ; et la seule induction que nous
avons pu tirer du motif de la citation faite
par M. le comté Lanjuinais, c'est que M. Ganilh ayant accusé les Ministres d'avoir exa-
géré les charges de l'arriéré en général, le
noble Pair en a conclu que le crédit de

2,500,000 fr. de rente récemment demandé pour le paiement des *anciennes créances* de l'arriéré de 1801 à 1809, n'avait pour but que *d'obtenir*, dans le langage de M. Ganilh, *des moyens supérieurs. à leurs besoins, et d'appesantir sans nécessité les charges des peuples.*

Ne trouvant donc rien qui pût nous éclairer sur cette question dans la brochure de M. Ganilh, nous avons examiné les budgets de 1806 et années antérieures à la restauration ; et l'analyse que nous en avons faite, nous a convaincu que M. le comte Lanjuinais ne les avait pas tous sous les yeux lorsqu'il a écrit le paragraphe auquel nous répondons.

Pour faire connaître d'une manière précise la marche de l'ancien Gouvernement, sur la liquidation des créances de tous les exercices, nous allons présenter le résumé des articles des budgets concernant les divers arriérés, en distinguant d'abord ceux qui sont relatifs à l'arriéré de l'an 8 et années antérieures, d'avec ceux qui ont rapport à l'arriéré de l'an 9 à 1809.

(6)

ARRIÉRÉ

DE L'AN 8 ET ANNÉES ANTÉRIEURES.

Loi de finances du 24 avril 1806, titre 2. — Du crédit relatif aux inscriptions à faire au grand-livre en l'an 14 et 1806.

ART. 12. « La somme de 353,938 fr., celle de
» 363,876 f., et enfin celle de 1,741,979 f. qui restent
» disponibles sur les crédits ouverts par les lois des
» 30 ventôse an 9, 20 floréal an 10 et 4 germinal
» an 11, pour les inscriptions au grand-livre de la
» dette publique, des dépenses du service des années
» 5, 6, 7 et 8, de la dette constituée et de la dette
» exigible, sont réunies, pour être appliquées à la
» consolidation de ces diverses dettes indistincte-
» ment. »

Loi de finances du 15 septembre 1807, titre 2.

ART. 5. « Le reliquat des crédits ouverts par les lois
» des 30 ventôse an 9, 20 floréal an 10 et 4 germi-
» nal an 11, pour la consolidation des anciennes
» rentes constituées perpétuelles, le retirement des
» bons de deux tiers, le remboursement de la dette
» exigible antérieure à l'an 5, et de l'arriéré des ser-
» vices des années 5, 6, 7 et 8, est augmenté de la
» somme de deux millions, pour être appliqués à
» la consolidation de ces diverses dettes indistincte-
» ment. »

Loi de finances du 15 janvier 1810, titre 6. — De la dette
publique.

ART. 6. « Le crédit en rentes, accordé par l'art. 12
» de la loi du 24 avril 1806, est augmenté de quatre
» millions pour l'inscription des liquidations restant
» à faire, et des dernières créances des exercices an-
» técédens. »

Loi de finances du 15 juillet 1811, titre 6. — De la dette
perpétuelle.

ART. 12. « Le crédit en rentes ouvert par l'art. 13
» de la loi du 15 janvier 1810, est augmenté d'un
» million vingt-huit mille cinq cent quatorze francs,
» pour compléter l'inscription des liquidations, con-
» formément à ladite loi. »

ARRIÉRÉ

DES EXERCICES 1809 ET ANNÉES ANTÉRIEURES,
JUSQUES ET COMPRIS L'AN 9 (1801.)

Loi de finances du 24 avril 1806, titre 1er. — Des
exercices 9, 10, 11 et 12.

ART. 1er. « Les sommes restant à rentrer au 1er
» janvier 1806, sur les exercices 9, 10, 11 et 12,
» seront portées en recette au compte de l'exercice
» courant. »
. 2. « Il est mis à la disposition du Gouvernement
» un fonds extraordinaire de 60 millions, dont 44

» millions pour solder les exercices 9 , 10, 11 et 12;
» et 16 millions pour l'exercice an 13. »

3. « Cette somme sera réalisée par des bons de la
» caisse d'amortissement, que le trésor public est
» autorisé à donner en paiement des ordonnances des
» Ministres pour le service desdites années , en con-
» séquence des crédits qui leur seront ouverts par des
» décrets spéciaux. »

4. « En remplacement du capital ci-dessus , il est
» créé au profit de la caisse d'amortissement une
» rente de trois millions , qui courra du 1er. janvier
» 1806. »

Loi de finances du 15 *septembre* 1807 , *titre* 1er. — *Des*
exercices an 9 , 10 , 11 , 12 *et* 13.

ART. 1er. « Les sommes qui restaient à recouvrer
» au 1er. janvier sur les exercices 9, 10, 11, 12 et 13,
» seront portées en recette au compte de l'exercice
» courant. »

2. « Les crédits appartenant à ces divers exercices
» seront communs entr'eux. Il en sera de même du
» fonds de 60 millions de bons de la caisse d'amor—
» tissement, affectés à les solder. »

4. « Le fonds commun des exercices expirés
» pourra , s'il est nécessaire , être augmenté jusqu'à
» concurrence de dix millions , par l'emission d'une
« septième série de bons de la caisse d'amortisse-
» ment , conformes à la loi de 1806, sur les finan-
» ces, mais portant seulement intérêt de 4 p. 100. »

Loi de finances du 15 janvier 1810 , titre 1ᵉʳ. — De l'exercice an 14 et 1806.

ART. 1ᵉʳ. « Les paiemens à faire par le trésor pu-
» blic pour le service de l'an 14 - 1806 , sur le pro-
» duit des fonds généraux , seront portés jusqu'à la
» somme de huit cent quatre-vingt dix-neuf millions
» quinze mille francs , montant des rentrées effec-
» tuées sur les contributions et revenus dudit exer-
» cice. »

2. « Les dépenses qu'il y aurait lieu de payer au-
» delà de ladite somme de 899,015,000 fr. , seront
» acquittées par la caisse d'amortissement , qui sera
» remboursée de ses avances en inscriptions au
» grand-livre , à prendre sur le crédit général ouvert
» pour la dette publique par le titre 6 de la pré-
» sente loi. »

Titre 2. — De l'exercice 1807.

4. « Les paiemens à faire par le trésor public pour
» le service 1807 , sur le produit des fonds généraux,
» seront portés jusqu'à la somme de sept cent trente-
» trois millions huit cent quatre-vingt mille francs ,
» montant des rentrées effectuées sur les contributions
» et revenus dudit exercice. »

5. « Les dépenses qu'il y aurait lieu de payer au-
» delà de ladite somme de 733,880,000 fr. seront
» acquittées de la manière prescrite par l'article 2 de
» la présente loi. »

Titre 3.

ART. 7. « Au moyen des dispositions ci-dessus,
» les exercices 1806 et 1807 cesseront de figurer dans
» les comptes annuels du trésor public. »

*Loi de finances du 20 mars 1813, titre 2. — De la
liquidation des exercices de 1809, et antérieurs.*

ART. 7. « *Tout ce qui reste dû pour les exercices 1809
» et antérieurs, jusques et compris l'an 9 (1801), sera
» inscrit au grand-livre de la dette publique.* A cet effet,
» un crédit d'un million de rente est mis à la dispo-
» sition du Ministre des finances. »

Tel est, au sujet de la liquidation des
créances des divers arriérés, le tableau exact
de tous les articles des lois de finances rendues depuis 1806 jusqu'à l'époque de la restauration.

Il serait donc difficile de concevoir sur
quelles dispositions législatives M. le comte
Lanjuinais s'est appuyé, pour dire *que les
exercices de l'an* 9 *à* 1809 *sont clos.* Serait-
ce sur l'article 7 du titre 3 de la loi du 15
janvier 1810, qui porte que les exercices
1806 et 1807 cesseront de figurer dans les
comptes annuels du Trésor public ? Mais
il aurait pu remarquer que, par l'art. 2 du
titre premier, et par l'art. 5 du titre 2 de

la même loi, il est dit que les dépenses qu'il y aurait lieu de payer au-delà des sommes accordées, seront acquittées par la caisse d'amortissement : d'où il est impossible de conclure que ces exercices aient été clos. Nous pouvons ajouter que dans toutes les autres lois de finances, il n'est nullement parlé de la prétendue clôture d'aucun de ces exercices.

Mais si cette première assertion n'est pas fondée, comment pourrait-on prétendre que les exercices antérieurs à 1810 aient été réglés par les lois de finances de 1813, et autres antérieures, de manière à rejeter cette multitude *d'anciennes prétendues créances qu'un malheureux laisser-aller a fait revivre en* 1814, 1815, 1816 *et* 1817 ?

Aurait-on eu en vue la loi du 20 mars 1813, par laquelle un crédit d'un million de rente est mis à la disposition du Ministre des finances ? et penserait-on que ce million a dû servir à éteindre la totalité de ces créances ?

S'il en était ainsi, nous aurions à faire remarquer :

1°. Que la marche de l'ancien Gouvernement était d'accorder des crédits successifs au fur et à mesure des liquidations; ce qu'il est facile de vérifier, puisque le premier crédit accordé en 1806 pour les dépenses des exercices an 8 et antérieurs, a reçu plusieurs extensions dans les budgets suivans, et a été complété par la loi du 15 juillet 1811 ;

2°. Que le crédit de 60 millions accordé en 1806 pour les exercices 9, 10, 11, 12 et 13, a reçu en 1807 un accroissement de 10 millions ;

3°. Que l'art 7 de la loi du 20 mars 1813 porte expressément : *que tout ce qui reste dû pour les exercices* 1809 *et antérieurs, jusques et compris l'an* 9 (1801), *sera inscrit au grand-livre de la dette publique* ; ce qui démontre que le crédit d'un million n'est qu'un crédit provisoire pour payer partie de ce tout ;

4°. Que l'on a si peu entendu ne payer que jusqu'à concurrence d'un million de rente, qu'on en a déjà employé *plus de deux* au paiement des créances de cet arriéré ;

5°. Que dans le cas même où il y aurait eu la plus légère incertitude, ce qui n'est pas, elle aurait été levée par toutes les lois de finances rendues depuis la restauration, et par l'ordonnance du 29 mars 1816, dont voici l'analyse :

Loi de finances du 23 septembre 1814 ; titre 3. — Moyens extraordinaires pour l'acquittement de l'arriéré des dépenses antérieures au 1er. avril 1814.

ART. 22. « Les Budgets *des années 1809 et anté-* » *rieures,* 1810, 1811, 1812 et 1813, sont clos au » 1er. avril 1814, et réunis sous le titre de *dépenses* » *de l'année 1813 et antérieures,* sans distinction de » fonds généraux et spéciaux. »

23. « Les créances pour dépenses antérieures au » 1er. avril 1814 seront liquidées et ordonnancées » par les Ministres dans la forme ordinaire. »

24. « Le Ministre des finances fera acquitter les » ordonnances des Ministres au choix des créanciers :

» Soit en obligations du trésor royal, à ordre, » payables à trois années fixes, de la date des or- » donnances portant indemnité, à partir de ladite » date ;

« Soit en inscriptions de rentes cinq pour cent » consolidés, avec jouissance du semestre dans le- » quel l'ordonnance aura été délivrée. »

Loi de finances du 23 mars 1816.

ART. 17. « Les créances antérieures au 1er. avril » 1814, et les dépenses restant à acquitter sur le ser- » vice des neuf derniers mois de 1814, et sur l'exer- » cice 1815, en excédant des recettes de ces deux » exercices, seront réunies sous le titre *d'arriéré an-* » *térieur* au 1er. janvier 1816. »

18. « Les créances arriérées, pour lesquelles il n'a » pas encore été délivré d'obligations, en exécution

» de la loi du 23 septembre 1814, continueront à
» être liquidées, conformément aux lois existantes,
» et dans les formes déterminées par nos ordonnances·

» Elles porteront intérêt à cinq pour cent, sans re-
» tenue, payable par semestre, à compter de la
» publication de la présente loi, quelle que soit l'épo-
» que de leur liquidation. »

19. « Les lois des 20 mars 1813 et 23 septembre
» 1814 sont rapportées en ce qu'elles ont de con-
» traire à la présente. »

Ordonnance du Roi , du 29 mai 1816.

'ART. 1er. « Les titulaires d'ordonnances de l'arriéré,
» expédiées postérieurement au 4 mai présent mois ,
» date de la promulgation de cette loi, qui, en usant
» de la faculté accordée par l'art. 14 , réclameront
» leur paiement en rentes 5 pour 100 consolidés, se-
» ront immédiatement inscrits au grand-livre, avec
» jouissance du 22 septembre 1816. Les arrérages
» antérieurs , à compter du 5 dudit mois de mai , se-
» ront acquittés à l'échéance , sur des mandats spé-
» ciaux qui seront délivrés en même temps que
» l'extrait d'inscription. »

2. » La jouissance des arrérages , à l'égard des or-
» donnances antérieures au 5 mai 1816 , continuera
» d'être accordée ; savoir : *pour les exercices* 1809 *et*
» *antérieurs* , à compter de la date de l'ordonnance;
» et pour les exercices 1810 et suivans , à compter du
» premier jour du semestre dans lequel l'ordonnance
» aura été expédiée. »

3. » Les reconnaissances de liquidation qui doivent,
» en exécution de l'art. 13 de la même loi, être don-
» nées en paiement à ceux qui ne réclameront pas
» l'inscription immédiate au grand-livre, seront dé-
» livrées par le Directeur du grand-livre, dans la
» forme du modèle n°. 1, joint à la présente. Les
» paiemens de cette nature, comme tous ceux en
» effets de dette publique, ne pourront être effectués
» qu'à Paris. »

4. » L'échéance des intérêts des reconnaissances de
» liquidation sera, comme pour les 5 pour 100 con-
» solidés, 22 mars et 22 septembre de chaque année.
» Les intérêts courront dudit jour 5 mai. »

Après avoir cité ces dispositions impor-
tantes, nous nous bornerons à ajouter :

1°. Que la loi du 23 septembre 1814 ayant
réuni sous le titre de *Dépenses de l'année* 1813
et antérieures, tous les budgets de 1813 et
années antérieures, jusques et compris l'an
9-1801, les ordonnances des Ministres ont
été acquittées sans distinction, au choix des
créanciers *de tous ces exercices*, soit en obligations du trésor, soit en inscriptions de
rentes.

2°. Que la loi du 23 mars 1816 ayant
confirmé cette réunion de tous les budgets,
sous le titre de *Créances antérieures au* 1er.
avril 1814, et ayant statué en même temps

que ces créances continueraient d'être liquidées dans les formes déterminées par les ordonnances, les créanciers des exercices 1809 et antérieurs ont été admis par l'ordonnance du 29 mai 1816, concurremment avec les créanciers des exercices 1810 et postérieurs, à se faire payer en reconnaissances de liquidation, ou à réclamer l'inscription immédiate au grand-livre du montant de leurs créances.

Ainsi, il doit paraître évident que, depuis la restauration comme avant la restauration, jamais le sort des créances relatives aux exercices 1809 et antérieurs, n'a été mis un instant en problême.

Quelles sont donc les craintes de M. le comte Laujuinais, lorsqu'il voit, *pour* 1818, *porter à* 64 *millions* 443 *mille francs ce qui resté de l'arriéré de* 1801 *à* 1810 ?

Suppose-t-il qu'on obtienne facilement dans les bureaux des ministères la liquidation de toutes les créances anciennes dont on demande le paiement, et qu'il désigne sous le nom de *prétendues créances ?* Dans ce cas, il serait utile de lui exposer quels sont les élémens de ces liquidations.

Pour liquider une créance sur la guerre, par exemple, il faut :

1°. Un marché en vertu duquel la fourniture a été faite ;

2°. Des récépissés des parties prenantes, visés par les commissaires des guerres, qui attestent l'existence de la fourniture ;

3°. Des bordereaux généraux signés des gardes-magasins, arrêtés par les commissaires-ordonnateurs, et réunissant les divers bordereaux particuliers arrêtés par les commissaires des guerres ;

4°. Que ces pièces soient vérifiées dans le bureau liquidateur, et soumises à une contre-vérification dans le bureau central ;

5°. Que deux rapports de liquidation soient préparés par les sous-chefs, examinés et signés par les chefs des bureaux, et approuvés par les chefs des deux divisions ;

6°. Que ces pièces et ces rapports soient soumis à la censure du comité de révision, et au contrôle de la Cour des comptes.

Or, lorsque M. le comte Lanjuinais suppose qu'on liquide de prétendues créances, entend-il que les Ministres fassent liquider ces créances *pour se procurer des ressources, et appesantir les charges des peuples ?* ou

2

veut-il dire qu'il est facile de corrompre toutes les personnes auxquelles les intérêts de l'Etat sont confiés ?

Mais peut-être ces craintes proviennent-elles de ce que ce sont d'anciennes créances, et qu'à ce titre elles ne doivent pas être liquidées.

Si le noble Pair était Président d'une Cour de justice, rejeterait-il toute demande qui serait faite pour une ancienne créance ? Il condamnerait sans doute le débiteur à la payer, tant en capital qu'en intérêts.

Lorsque nous avons contracté avec le Gouvernement, lui avons-nous donné le droit de prolonger la liquidation de nos fournitures à son gré, et ensuite de ne plus les payer, sous prétexte que ce sont d'anciennes créances ?

Si ce sont là les principes d'un Gouvernement odieusement fiscal, tel que l'ancien Gouvernement, ils ne seront pas proclamés sous un Gouvernement représntatif et au mépris de la Charte, qui a consacré le respect dû aux propriétés.

N'en doutons pas, si M. le Comte avait approfondi cette question, il aurait signalé à l'attention publique et à celle des deux

Chambres l'injustice criante dont nous avons été victimes l'année dernière, et qui semble appeler un amendement dans la loi de finances. Le noble Pair a dû remarquer que la loi de finances du 28 septembre 1814 avait réglé d'une manière uniforme le sort des créanciers de tous les exercices, depuis 1801 jusqu'à 1813, en les réunissant sous le titre de *Dépenses de l'année 1813 et antérieures;* que la loi de finances du 23 mars 1816 avait également compris tous les exercices, depuis 1801 jusqu'à 1815, sous le titre d'*Arriéré antérieur à 1816;* et enfin, que l'ordonnance du Roi du 29 mai suivant avait déterminé le mode de liquidation des créances de ces exercices.

Eh bien ! c'est alors que ces lois avaient déjà reçu à notre égard leur exécution pendant deux ans, et que la Chambre de 1817, en votant article par article la loi de finances de cette année, n'avait rien innové à ce mode de liquidation ; qu'à l'instant même de voter sur l'ensemble de cette loi, le Président de la Commission du budget, *sans avoir consulté les autres membres de la Commission,* vint proposer comme amendement, et par mesure d'ordre, de distinguer l'arriéré général en deux arriérés: celui de 1801 à 1809, et celui de 1810 à 1815.

Voici son discours extrait du *Moniteur* du 8 mars 1817.

« La loi du 20 mars 1813, dit l'opinant, avait réglé
» l'arriéré antérieur à 1809, pour être payé en ren-
», tes, et avait affecté un crédit d'un million à ce paie-
» ment ; mais on reconnut depuis que cette nature
» de créances à liquider excédait de beaucoup l'éva-
» luation d'abord présumée, et le Ministre se pro-
» posait de demander un million de plus: La loi de
» 1814, qui intervint, n'a rien statué sur ce nouveau
» crédit, parce qu'on n'était pas en mesure de pré-
» senter une évaluation assez approximative. La loi
» du 28 avril a réuni toutes les créances antérieures
» au 1er. avril 1814, dont le montant est encore à
» déterminer, sous le titre d'*arriéré antérieur au* 1er,
» *janvier* 1816. Ainsi a disparu la distinction qui exis-
» tait à l'égard des créances antérieures à 1809, et
» tout l'arriéré fut soumis au même mode de paie-
» ment.

» Cependant le budget de 1817 apporte une amé-
» lioration sensible au sort des créanciers de l'Etat.
» Ceux antérieurs à 1809 seront-ils appelés à parta-
» ger cet avantage ? ou, d'après l'assimilation, les
» créanciers postérieurs ne devront-ils être payés qu'en
» rentes? Pour faire cesser toute équivoque, j'ai l'hon-
» neur de proposer à la Chambre une disposition ad-
» ditionnelle qui serait placée à la suite du 1er. para-
» graphe de l'art. 4 du titre 3; alors cet article pré-
» senterait la rédaction suivante :

Art. 4. « L'arriéré antérieur à 1816 se compose
» des dettes ci-après :

» 1º. Des créances de 1809 et années antérieures ,
» jusques et compris l'an 9 , lesquelles continueront
» d'être acquittées conformément à la loi du 20 mars
» 1813 , sauf l'augmentation du crédit en rentes qui
» serait ultérieurement jugé nécessaire ;

» 2º. Des créances du 1er. janvier 1810 au 1er.
» avril 1814 ;

» 3º. De celles sur les 9 derniers mois, etc., etc. »

Un honorable membre soutient la proposition du Président de la Commission, en
ces termes :

« Le Ministre avait déclaré l'année dernière que
» le sort des créances arriérées dont il s'agit , était
» irrévocablement fixé par la loi du 20 mars 1813.

» Là Chambre ne put conséquemment entendre
» changer le mode adopté pour l'acquittement de ces
» créances ; elle ne le fit pas, car l'article.... de cette
» loi porte textuellement : (« Les créanciers auxquels il
» n'a pas encore été délivré de bons royaux. ») Si elle
» eût entendu comprendre dans ses dispositions les
» créances qui doivent être inscrites au grand-livre ,
» elle aurait dit :

» Les créanciers auxquels il n'a pas encore été dé-
» livré de bons royaux , *ou des inscriptions.*

» L'article... de la loi de 1816, qui rapporte celle
» du 20 mars 1813, ne peut non plus offrir d'équi-
» voque , car il dit : « En conséquence, les bois de
» l'Etat cesseront d'être vendus , etc.

» Je ne vois donc aucun motif pour autoriser l'in =
» terprétation que M. le Ministre nous a dit avoir
» été donnée à cette loi par le Conseil d'état. La loi
» était claire ; votre délibération doit la confirmer.
» Je vote pour la proposition qui vous est faite à cet
» égard par la Commission. »

Malgré l'opposition du Ministre des finances, l'amendement passa, et voici quelle en fut la conséquence :

La loi de finances du 20 mars 1813, qui avait été rapportée par celle de 1816, fut rétablie *par supposition* ; les lois de finances de 1814 et 1816, en ce qui nous concernait, furent rapportées ; et l'ordonnance royale du 29 mai 1816, qui avait réglé le mode du paiement à nous faire, fut abrogée.

Un amendement dont les résultats ont été si étranges, n'a pu être adopté par la Chambre, après une aussi courte discussion, que parce qu'elle a cru sans doute devoir s'en rapporter à une proposition d'ordre qui lui était faite par le Président de la Commission du budget, sur une loi qu'il avait lui-même fait rendre pendant son ministère.

Cependant nous avons vu que, par la loi du 23 septembre 1814, titre 3, art. 22, *les budgets des années 1809 et antérieures étaient réunis avec les budgets des années postérieures,* et que les créanciers de tous les exercices pouvaient être payés, à leur choix, en obligations ou en inscriptions. Il n'y avait donc pas lieu à proposer de mesure d'ordre, ni à statuer sur le crédit d'un million, auquel le Président de la Commission du budget faisait allusion. Il est donc évident que le Président de la Commission du budget s'est trompé sur les dispositions précises de la loi de 1814, et que, sans le vouloir, il a surpris la religion de la Chambre.

L'honorable membre qui a soutenu cette même proposition, a fait observer à la Chambre que si elle avait entendu comprendre dans ses dispositions les créances qui devaient être inscrites au grand-livre, elle aurait dit : « *Les créanciers auxquels il* » *n'a pas encore été délivré des bons royaux,* » *ou* DES INSCRIPTIONS. » Cette observation est également une erreur, puisque tous les créanciers indistinctement avaient le droit de prendre à leur choix des bons royaux, ou de réclamer des inscriptions, et que l'addition du mot *inscriptions* n'était pas nécessaire.

Ainsi donc il doit être démontré, le texte

de la loi à la main, qu'une grande injustice a été commise à l'égard de tous les créanciers de 1801 à 1809; et cette injustice leur a été d'autant plus préjudiciable, que la Chambre n'ayant point ouvert de crédit législatif dans la dernière session, le Ministre des finances n'a pas cru devoir leur payer le montant des ordonnances dont ils étaient, ou dont ils seraient devenus porteurs; et voilà la raison pour laquelle, dans le budget de cette année, on a demandé un crédit de 2,500,000 fr. de rente.

Il résulte de cet exposé :

1°. Que nos créances, quoiqu'*anciennes*, n'en sont pas moins valables, et que si une préférence dans le mode de liquidation eût dû être accordée, c'était à nos créances qu'elle devait l'être, parce qu'il est évident que si le créancier de 1815 et celui de 1801 reçoivent également en 1816 le capital qui leur est dû, la somme que reçoit ce dernier ne représente que la moitié de celle à laquelle il avait droit en 1801, attendu que l'accumulation progressive des intérêts qu'il ne touche pas, aurait composé un second capital;

2°. Que nos créances ne sont pas de *pré-*

tendues créances, parce que les précautions prises pour en faire la liquidation ne laissent aucun doute sur leur authenticité, et que les pièces sur lesquelles on les liquide, sont déposées depuis nombre d'années dans les bureaux des ministères, et ne peuvent être changées ;

3°. Que nos créances ont été constamment reconnues, et admises en liquidation par l'ancien comme par le nouveau Gouvernement, et que ce n'est que par le résultat d'un inexplicable amendement, *adopté séance tenante, et sans examen préalable dans les bureaux*, qu'il a été sursis à leur paiement jusqu'à l'ouverture d'un nouveau crédit législatif qui puisse remplacer celui qui existait avant cet amendement ;

4°. Que les principes stables du crédit public, qui sont la bonne foi, la loyauté, et surtout l'exécution fidèle des lois, ne permettent pas de douter que la Chambre, lors de la discussion sur le budget de cette année, ne revienne sur l'injuste amendement qui nous a frappés l'année dernière, sans que nous ayons pu faire entendre notre voix, et que, par le simple rapport de cet amendement, elle ne nous replace sous l'empire de la loi de finances de 1816; en laissant à notre choix la faculté *que nous avions* de prendre en paiement des reconnaissances de liquidation, ou de réclamer des inscriptions sur le grand-livre de la dette publique.

.F I N.

www.ingramcontent.com/pod-product-compliance
Ingram Content Group UK Ltd.
Pitfield, Milton Keynes, MK11 3LW, UK
UKHW020001130726
13694UKWH00005B/2015